Lic. Melina N. Gancedo

Búsqueda laboral

Currículum Vitae y entrevista

1° edición: Agosto, 2024

Melina N. Gancedo; Buenos Aires, Argentina

Todos los derechos reservados.

Indice

Introducción

El Currículum Vitae es una herramienta que debemos crear teniendo en cuenta información clave que nos permita acceder al próximo paso: la entrevista laboral.

A través del cv nos postulamos a un puesto de trabajo pero, dicho en otras palabras, nos estamos vendiendo. Esto significa que debes elegir la información de la mejor forma posible para que la manera en la que te presentes sea atractiva y conduzca a la posibilidad de ser llamada/o a una entrevista.

Por ello, es que el cv debe ser creado haciendo énfasis en determinadas secciones de información que sea relevante y esté en coherencia con el puesto al que se está postulando.

Debes tener en cuenta qué tipo de perfil se está buscando y cómo tu formación, experiencia, capacidades y aptitudes coinciden con este.

Para ello, deberás pensar en cómo definir tu perfil de forma que se acerque lo más posible a aquello que se está buscando.

La información debe ser clara, concisa y precisa, escrita en forma de ítems y no de texto redactado en varias oraciones. Por lo general, se recomienda que el cv tenga una extensión de 1 o 2 hojas. Más hojas podría dificultar o entorpecer la lectura de quien lo recibe, por ello es tan importante elegir correctamente la información a brindar.

Cuánto más relacionada esté la información con el puesto y el perfil, mejor. Por ejemplo, si buscas un puesto en repostería y en el cv sólo colocas que tienes 6 años de experiencia en cuidado de niños, esta información puede dar a entender al reclutador que tienes bastante experiencia laboral, pero en otro rubro. Por lo que quizás sea innecesario poner esa información.

Si el reclutador está buscando un tipo particular de perfil, por ejemplo, alguien con experiencia en atención al público, probablemente descarte el perfil de quien tenga mucha experiencia en cuidado de niños, ya que esto no contribuye al puesto en cuestión.

Si aún no tienes ningún tipo de experiencia laboral, la competitividad respecto a otros postulantes puede disminuir. Sin embargo puedes compensar esa falta de experiencia laboral con cursos y capacitaciones que fortalezcan tu perfil o puedes realizar algunas tareas de forma gratuita con el fin de obtener experiencia en el sector.

La búsqueda de trabajo es todo un trabajo. Requiere de mucha paciencia, disciplina y motivación. Lamentablemente, quizás la mayoría de cv que envíes no sean leídos y otros sean leídos pero sin respuesta. Quizás algunos respondan con el tan famoso y temido "te llamaremos" o "te tendremos en cuenta más adelante". Respuestas que pueden ser ciertas, o no.

Por ello, aquí la constancia y la disciplina son fundamentales y es muy importante tener una gestión inteligente de las emociones que irán surgiendo en este proceso.

La inteligencia emocional consiste en aprender a controlar las emociones y en situaciones difíciles comportarse de una forma saludable y efectiva.

Entendemos por "controlar las emociones" al hecho de escucharlas, identificarlas, reconocer de qué se tratan, qué las generó y cómo dar una respuesta sana a ellas.

La inteligencia emocional también nos permite confiar en nosotros mismos, siendo fieles a lo que sentimos, pensamos, deseamos y a lo que queremos comunicar.

Hay personas que se acostumbran a estar mal y pareciera que naturalizan el malestar con el que conviven a diario, o en el caso específico de la búsqueda laboral, pueden llegar a asumir que tienen mala suerte, que nunca los llamarán, que son incapaces de conseguir trabajo.

Sin embargo, es clave hacer el ejercicio contrario: empezar a buscar mejorar la calidad de vida, la salud física y mental, vivir de una forma más consciente, equilibrada, saludable.

Cuando la motivación y la paciencia disminuyen, se necesita constancia, disciplina e inteligencia emocional para no bajar los brazos y seguir en el proceso de búsqueda laboral.

Desde aquí sugerimos incorporar el hábito diario de buscar nuevas ofertas y enviar cv ¡todos los días! Al menos 5 o 10 cv diarios. Recuerda que muchos de ellos, no serán leídos lamentablemente, por lo que para tener mayores posibilidades debes enviar la mayor cantidad de cv posibles cada día.

Antes de enviar el cv, ya que tiene tus datos de contacto, asegúrate que el puesto y el lugar de trabajo sean reales. Si algo de la oferta te genera desconfianza, investiga más, puedes contactarte con el lugar oficial para verificar que se encuentre en búsqueda de personal, para evitar ser víctima de engaños o estafas.

Busca ofertas laborales en sitios, páginas web y bolsas de trabajo que tengan cierta reputación, credibilidad y trayectoria.

Armado del Currículum Vitae

El CV suele comenzar con un título que indique Currículum Vitae y el nombre del postulante.

Luego, debajo del nombre, puedes agregar unas palabras clave que sinteticen tu perfil, para que quien reciba el cv pueda conocer, en una rápida y primera mirada, los aspectos principales que se abordaran a lo largo del cv.

Las palabras clave deben ser escogidas de manera tal que en un simple renglón puedas expresar tu experiencia, trayectoria, fortalezas. En definitiva, indicar qué es lo que puedes ofrecer en relación al perfil buscado, que sea atractivo para quien reclute.

Ejemplos de estas palabras clave pueden ser:
Empleado, ventas, atención al cliente.
Administrativo, secretario, redacción de notas.

Marketing, ventas, comercio electrónico.

En el cv es importante colocar la información de forma clara y precisa, con fechas concretas.

La información distribuida en diferentes secciones permitirá al reclutador hacer foco en los datos que más le interesen.

En el cv que aquí presentamos como ejemplo incluimos las siguientes secciones:

Datos de contacto

Formación Académica

Experiencia laboral

Aptitudes principales

Cursos y capacitaciones

Herramientas de software

Idiomas

Puedes agregar otras secciones que consideres que pueden contribuir a fortalecer tu perfil como hobbies, aficiones, trabajos de voluntariado, publicaciones propias, participación en eventos, intereses, objetivos profesionales, referencias de empleadores previos, disponibilidad para viajar.

La fotografía

Actualmente, suele ser bien visto que los cv no cuenten con fotografía. Sin embargo, aquí consideramos que la foto es fundamental. Debe ser simple, en un contexto apropiado para el fin que se desea, es decir, conseguir trabajo. Por lo que la fotografía debe proyectar una buena imagen.

No estamos hablando de estereotipos de belleza. Nos referimos a qué es lo que la imagen transmite. Mostrar calidez, amabilidad y simpatía es clave. No debes sonreír de forma exagerada, pero una simple y pequeña sonrisa contribuye a brindar una imagen agradable.

Tengamos en cuenta que ésta es la primera imagen que se tiene de ti, incluso, la fotografía se ve antes de leer el resto del cv. Por ello, esa imagen debe ser coherente con el motivo de este cv, es decir, debe mostrar ganas de conseguir un nuevo trabajo, de aprender, de progresar, con ilusión, iniciativa, simpatía, amabilidad, etc.

Una fotografía con una expresión facial que denote hostilidad, enojo, frustración o miedo, entre otros, puede llegar a reducir las posibilidades de lectura de ese cv, y por lo tanto, las posibilidades de conseguir acceder a una entrevista.

Y aquí se puede cuestionar si es ético rechazar un cv por la expresión facial. Podemos preguntarnos por qué se relacionan las capacidades profesionales de la persona con el hecho de que el día que tomó la foto estaba enojada o frustrada. Y la relación es más contundente de lo que se puede pensar. Aunque cualquier persona puede tener días malos, sentirse triste, enojado, frustrado, etc, es una norma general, y parte del sentido común, que el cv debe mostrar lo mejor que tenemos para ofrecer.

Por lo tanto, no tener en cuenta esto, mostrar desinterés al respecto y hacer lo contrario, puede llegar a ser un indicador de características consideradas negativas por parte del reclutador.

Dentro de estas posibilidades podemos incluir personalidad conflictiva, oposicionista, con dificultad para acatar normas o reglas y hasta incluso podría interpretarse como un rasgo de dificultad para socializar, algo indispensable en casi todos los trabajos, ya que por lo general siempre hay relación con otros en cualquier trabajo, sea un cliente, compañero, superior, proveedor, etc.

Utiliza una fotografía acorde al contexto de currículum vitae, con sonrisa sutil y recuerda que el cuerpo también comunica e incluso puede contradecir lo que comunicas con palabras.

Datos de contacto

Principalmente, deben figurar el teléfono y el correo electrónico como datos de contacto.

Se puede adjuntar una página web propia que esté relacionada con el tipo de trabajo que se está solicitando o el perfil de LinkedIn para que el reclutador obtenga mayor información.

En caso que la ubicación geográfica sea un requisito importante o que sea un dato que pueda llegar a ampliar las posibilidades de pasar a la etapa de entrevistas, se debe agregar la localidad, sin mayores detalles, en principio.

En las secciones Formación académica, Experiencia laboral y Cursos y capacitaciones es recomendable realizar un orden cronológico, ubicando en primer lugar la actividad más actual.

Ejemplo:

Experiencia laboral

2022-Actualidad. Puesto. Lugar de trabajo.

2020-2022. Puesto. Lugar de trabajo.

2015-2020. Puesto. Lugar de trabajo.

Cursos y capacitaciones

2023. Nombre del curso. Lugar de estudio.

2020. Nombre del curso Lugar de estudio.

Aptitudes principales

Las aptitudes principales refieren a lo que posiblemente en la entrevista te pregunten con el nombre de virtudes o fortalezas.

Aquí puedes incluir características de tu personalidad o capacidades que consideres relevantes para el puesto en cuestión.

Por ejemplo, en esta sección puedes colocar capacidad para trabajar en equipo, buen manejo de herramientas de office, capacidad para la resolución de problemas, redacción de textos, proactividad, iniciativa, nivel intermedio de inglés, etc.

Esta es una de las secciones más importantes, ya que resume qué eres capaz de hacer, por lo que a la hora de completar esta sección, debes hacer un análisis de tus fortalezas y debilidades.

Completa lo mejor posible esta sección, véndete de la mejor manera, potencia tus virtudes y deja tus debilidades apuntadas aparte (no escritas en el cv) para tenerlas presente porque es muy probable que te pregunten por ellas en la entrevista laboral y es importante mostrar disposición para reducirlas o eliminarlas.

Herramientas de software

Las herramientas de software incluyen el manejo del paquete de Microsoft Office (Word, Excel, PowerPoint) o de Google Suit (Docs, Formularios, Calendar, Drive. Gmail), entre otros.

Ejemplo de Currículum Vitae

Currículum Vitae
Nombre y apellido

Atención al público, administración, ventas.

Datos de contacto

Teléfono:

E-mail:

Foto

Formación Académica

Año (inicio)-Año (fin). Título. Institución educativa

Experiencia laboral

Año (inicio)-Año (fin). Puesto. Lugar de trabajo.

Año (inicio)-Año (fin). Puesto. Lugar de trabajo.

Año (inicio)-Año (fin). Puesto. Lugar de trabajo.

Aptitudes principales

- Capacidad para trabajar en equipo.

- Buen manejo de herramientas de office.

- Redacción de textos.

- Proactividad.

- Iniciativa.

- Nivel intermedio de inglés, etc.

Cursos y capacitaciones

Año (inicio)-Año (fin). Nombre curso/título. Institución educativa.

Año (inicio)-Año (fin). Nombre curso/título. Institución educativa.

Herramientas de software

Idioma

Idioma. Nivel

La entrevista laboral

La entrevista es un instrumento que tiene como objetivo la recolección de datos que dará lugar a continuar en el proceso de selección o no.

Dichos datos contribuirán a determinar si el perfil del postulante es acorde al perfil del puesto que se quiere cubrir.

En la entrevista se recolectarán datos relacionados a tu personalidad, iniciativa, toma de decisiones, proactividad, potencial liderazgo, capacidad de trabajar en equipo, habilidades sociales, inteligencia emocional, experiencia laboral previa, expectativas en ese trabajo, cuál es la motivación para trabajar en ese puesto y lugar.

La situación de entrevista suele generar tensión, nerviosismo y ansiedad. Una forma de transitar esta experiencia con mayor calma es practicar algún ejercicio de respiración antes de ingresar a la entrevista e intentar controlar la respiración durante la entrevista, para poder hablar y expresarse de una mejor manera. Otra forma de experimentar esta situación de una mejor manera es no verla sólo como una evaluación, en situación de vulnerabilidad y sumisión. Sería mucho más saludable y ameno percibir esta experiencia como un desafío, una oportunidad para desplegar fortalezas, aprender de los posibles errores y fortalecerse en caso de tener que continuar realizando entrevistas.

En la entrevista debes demostrar coherencia en función a lo explicado previamente en el cv. Revisa tu cv antes de ir a la entrevista. Asegúrate que esté actualizado al enviarlo y en caso de que haya nuevas actualizaciones, acude a la entrevista con un nuevo cv. No puede haber contradicciones entre lo que dices y lo que dice tu cv. Repasa tus experiencias laborales previas y los motivos por los cuales han terminado. Los entrevistadores suelen querer conocer acerca de la experiencia previa y las razones de la desvinculación. Evita hablar mal respecto a tus ex jefes o lugares de trabajo, hacer hincapié en aspectos positivos es lo más recomendable.

Por ejemplo, si renunciaste porque en tu trabajo te sentías explotada/o, sin posibilidades de crecer, con horarios inhumanos, es mejor expresarlo desde el aspecto positivo de que buscas mejores oportunidades laborales, con horarios más flexibles, como los que ofrece este puesto y lugar de trabajo.

Lo primero que debes mostrar el día de la entrevista es puntualidad, se aconseja llegar 5 o 10 minutos antes. Con vestimenta coherente al contexto, cómoda, formal pero simple.

Aunque sientas los nervios normales provocados por la entrevista, situación que puede percibirse como una evaluación, (y es lo que realmente es) intenta hablar claro, respirar con tranquilidad y expresar con el lenguaje corporal lo mismo que expresas con el lenguaje verbal.

Intenta hablar de forma pausada, controla tu respiración para mantener la mayor calma posible, realiza contacto visual con quien te entreviste.

Habla lento, de forma entendible y concéntrate en responder lo preguntado, sin irte por las ramas. Toda la información debe ser clara, concisa y verdadera. Profundizarás más, en caso de que sea necesario.

Es interesante que no sólo vayas a responder preguntas, si no que también puedas hacerlas.

En definitiva tu también estas evaluando el puesto, las condiciones de trabajo, el sueldo, el horario, las tareas a realizar, etc. Así que no tengas miedo o vergüenza de realizar preguntas que clarifiquen la información recibida. Al contrario, hacer algunas preguntas importantes puede ser visto por el entrevistador como señales de interés real en el trabajo, compromiso, escucha activa, responsabilidad, etc.

Otra recomendación refiere a obtener información sobre el puesto y la empresa o lugar de trabajo antes de acudir a la entrevista.

Si tiene página web es importante que leas acerca del lugar, su misión, visión, valores y determinar cómo puedes utilizar esa información para fortalecer tu perfil.

Por último, es recomendable tener conocimiento del puesto en relación al mercado laboral para acudir a la entrevista teniendo ideas respecto a la remuneración pretendida (no un número concreto, sino un rango: "entre $ y $") tomando en cuenta cuántas horas incluye la jornada laboral, las tareas, la experiencia previa.

Tipos de entrevista

Entrevista inicial: suele ser una entrevista semiestructurada o semidirigida, es decir tiene temas concretos a indagar siguiendo una guía de preguntas pero pueden surgir otros temas o nuevas preguntas durante la conversación. Por lo general esta entrevista es individual, pero también hay procesos de selección que incluyen entrevistas grupales.

En las entrevistas iniciales es donde se busca recoger información acerca de los estudios, la experiencia laboral, la personalidad y los rasgos que pueden ser útiles para el puesto como, por ejemplo, iniciativa, toma de decisiones, motivación, proactividad, liderazgo, trabajo en equipo, habilidades interpersonales.

Luego de la entrevista inicial, en la cual el reclutador realiza una especie de filtro, seguirán en el proceso de selección quienes hasta ese momento presenten las características solicitadas para un perfil específico de trabajador.

Cada reclutador o lugar de trabajo puede tener diferentes formas de continuar el proceso de selección. Algunos pueden incluir pruebas de habilidades técnicas o cognitivas inherentes al puesto en cuestión. Otros pueden continuar directamente con una entrevista con el gerente o empleador, y otros proceden a realizar una entrevista de administración de test.

Este tipo de entrevista suele incluir test en los cuales se busca obtener información sobre la personalidad o capacidades cognitivas del candidato y se analizan en relación a la entrevista inicial. Toda la información recolectada en las diferentes entrevistas se analizan en conjunto.

Los test proyectivos son instrumentos de evaluación psicológica que apuntan a conocer rasgos de la personalidad del entrevistado. No tienen respuestas correctas o incorrectas y recogen datos cualitativos.

Los test psicométricos son instrumentos que evalúan las capacidades cognitivas, competencias y aptitudes, a través de datos numéricos, cuantitativos, como por ejemplo, test de inteligencia.

El tipo de test dependerá de las características y requisitos del puesto y del criterio de quien administra este tipo de entrevista.

Por lo general, los test que más comúnmente se administran son gráficos, como el dibujo de la persona bajo la lluvia o la persona en situación de trabajo.

Explicitar en este libro los diferentes test que se suelen administrar o detallar la manera "correcta" de resolverlos, no sólo sería imprudente y poco ético, si no también contraproducente.

Las consignas de los test proyectivos no tienen una respuesta correcta.

Se evalúa cómo la persona se desarrolla durante la entrevista y se toman en consideración todos los datos recolectados en los diferentes test y entrevistas en conjunto.

Hay respuestas que no se pueden llevar estudiadas de antemano, además, aquellas que remitan a los test proyectivos, tienen el ingrediente secreto que corresponde a las manifestaciones del inconsciente, por lo que hay maneras en las que el reclutador puede hipotetizar si una persona se ha estudiado cómo responder o si está mintiendo o fingiendo un desarrollo espontáneo.

Conclusiones

La búsqueda laboral es un proceso que puede ser estresante, frustrante y difícil de transitar. Esto puede generar desmotivación y tristeza en quien busca trabajo y no tiene resultados.

Como hemos dicho al inicio de este libro, buscar trabajo es todo un trabajo. Requiere de tiempo, compromiso, constancia, dedicación, energía e inteligencia emocional.

Cuando se inicia la búsqueda de ofertas laborales, el primer objetivo es conseguir ser elegidos para tener entrevistas laborales que nos acerquen a la posibilidad de lograr el objetivo principal: conseguir trabajo.

Cada etapa debe ser experimentada con la seriedad y el compromiso que requieren.

El currículum vitae es la primera carta con la que contamos a la hora de buscar trabajo. Es CLAVE hacer un cv con información precisa y clara, acorde con el puesto de trabajo por el cual se postula.

Recuerda: siempre información real que constituya un perfil lo más fortalecido posible. Si aún no tienes experiencia, no bajes los brazos, todos empezamos desde cero.

Busca maneras de completar el cv, haciéndolo atractivo y coherente con el perfil que se busca.

Compensa tu falta de experiencia con formación. Los cursos y capacitaciones también son muy valorados, porque denotan que la persona presenta compromiso con su carrera o profesión, deseo de aprender y de mejorar continuamente y estas características pueden ser vistas como un valor añadido que mejora el perfil de una persona con poca o nula experiencia.

Una vez que se logra cautivar la atención de un reclutador y se pasa a la etapa de entrevista, los nervios pueden opacar la felicidad de conseguir el primer objetivo que consistía en tener una entrevista laboral.

La situación de entrevista naturalmente genera nervios, estrés o ansiedad. Recuerda reflexionar sobre esta experiencia, pensarla desde aspectos positivos, con motivación y preparación.

Antes de asistir a la entrevista infórmate lo más posible sobre el puesto y el lugar de trabajo.

Repasa tu cv, tus experiencia previas, tus fortalezas y debilidades.

Piensa preguntas para hacerle a tu entrevistador.

Recuerda controlar la respiración. En situaciones de estrés es normal que las frecuencias respiratoria y cardíaca aumenten.

Cuando logramos controlar las inspiraciones y exhalaciones podemos reducir esas frecuencias y sentir que el cuerpo y la mente se tranquilizan. Te sugerimos practicar algún ejercicio de respiración los días previos y antes de ingresar a tu entrevista.

Arma tu cv mostrando todo lo bueno que tienes para ofrecer.

No bajes los brazos.

Envía tantos cv como puedas.

No te detengas hasta conseguir la tan ansiada entrevista.

Desde aquí te deseamos muchos éxitos en esta etapa.

Sobre la autora

Melina Gancedo es Licenciada en Psicología, especialista en prevención y tratamiento de adicciones, psicotraumatología y desarrollo personal.

Egresada de la Universidad Nacional de La Plata, se ha desempeñado como psicóloga en consultorio privado, A.D.A.R. servicio especializado en adicciones de Caritas La Plata y en la Comunidad Terapéutica Volver A Crear.

Es autora de libros como:

"De Adicciones, Sustancias y Personas". RV Ediciones. (2018)

"Vivir después del dolor". RV Ediciones. (2020)

"Orientación Vocacional: Elegir a conciencia. Mucho más que elegir una profesión"

"Ser y Vivir a Conciencia. Mindfulness + Psicología (y un modo posible de tratar adicciones)" "

"Violencia de Género: 5 claves para identificarla"

"Tabaquismo: primeros pasos para dejar de fumar tabaco"

"Una adicción en la familia"

"Los otros objetos de la adicción. Acerca de cómo nos afecta la dependencia emocional"

"Curso en PDF: Entender las adicciones"

"Ludopatía, un juego que no es juego"

"Estrés laboral: riesgos y salud en jaque"

"Bullying: prevención y detección temprana"

"Psicoeducación de las emociones"

"Hábitos saludables para reducir el estrés y la ansiedad"

"4 claves para entender el alcoholismo"

"Yo, ¿a psicoterapia?"

"Guía para reducir la ansiedad de la vida cotidiana"

"Prevención de las adicciones en el trabajo"

"3 pasos para crear y mantener relaciones saludables"

Además colabora con artículos sobre salud mental en revistas locales de la Ciudad de La Plata y sitios web y es coautora del libro "Violencia y Maltrato" y compiladora del libro "Teoría y clínica en el tratamiento de las Adicciones" (2019; Ricardo Vergara Ediciones).